Doris Doppler

Starke Flyer

So gelingen Text und Konzept

ISBN-10: 1479267341 | ISBN-13: 978-1479267347

Das Werk einschließlich aller seiner Teile ist urheberrechtlich geschützt. Jede Verwertung – auch auszugsweise – ist nur mit Zustimmung der Verfasserin erlaubt. Die Inhalte dieses Buches wurden von der Verfasserin sorgfältig erarbeitet und geprüft. Die Verfasserin übernimmt jedoch keine Gewähr für die Richtigkeit, Vollständigkeit und Aktualität der Inhalte. Jegliche Haftung ist somit ausgeschlossen.

Copyright © 2014 Doris Doppler. Alle Rechte vorbehalten.

2. Auflage

Erschienen im Eigenverlag: Doris Doppler, Innsbruck

web: www.textshop.biz | www.ddoppler.com
mail: office@textshop.biz

Covergrafik: © radoma – fotolia.com

Printed in Germany by Amazon Distribution GmbH, Leipzig

INHALT

Marketing mit Flyern

Worum geht's 3
Was bringen Flyer? 5
Wozu eignen sich Flyer? 8
Wie finden Flyer ihre Leser? 10

Tipps fürs Texten

Worum geht's 17
Leicht und locker texten 19
Mit Überschriften fesseln 24
Mit Worten verführen 29
Den Leser ansprechen 32
Texte gliedern 34

Tipps fürs Konzept

Worum geht's 39
Das Ziel des Flyers kennen 41
Schriftlich verkaufen 44
Kaufmotive thematisieren 47
Nutzen bieten 50
Vertrauen schaffen 54
Zum Handeln auffordern 57

Den Flyer richtig aufbauen

Worum geht's 65
Die Außenseiten 67
Die Innenseiten 71

Checklisten

Worum geht's 77
Gut getextet? 79
Gut argumentiert? 80
Nichts vergessen? 82

Literatur 85
Die Autorin 87

Marketing mit Flyern

Worum geht's

Flyer sind günstig, flexibel, schnell – und werden daher auch im Internetzeitalter von Unternehmen jeder Art und Größe gerne eingesetzt. Sie lassen sich verlockend rasch konzipieren, designen, texten, drucken und verteilen.

Trotzdem oder gerade deshalb gilt: Gehen Sie nicht planlos vor. Sie sollten schon im Vorfeld überlegen, welche spezifischen Vorteile Ihnen der Flyer bringt, wann Sie ihn einsetzen und wie Sie ihn verteilen. So schaffen Sie die Grundlagen für ein durchdachtes Flyerkonzept.

Noch ein Hinweis: In diesem Buch verwende ich „Flyer" und „Folder" synonym.

Was bringen Flyer?

Nutzen Sie die Vorteile von Flyern und Foldern.

Klein, flexibel, punktgenau: Flyer und Folder gehören zu den wichtigsten Marketing-Instrumenten. Sie sind ein charmanter und preiswerter Weg, um das Image Ihres Unternehmens zu pflegen, sich in Erinnerung zu rufen oder den Umsatz anzukurbeln. Auf einem – mehr oder weniger kunstvoll – gefalteten Blatt können Sie Verkaufsbotschaften treffsicher formulieren und zielgenau verbreiten.

Die Vorteile im Detail:

Flexibel.

Flyer eignen sich für viele verschiedene Organisationen und Anbieter: Unternehmen, Freiberufler, Ämter, Verbände in diversen Branchen. Außerdem können Sie eine Flyeraktion zu den unterschiedlichsten Anlässen durchführen, zum Beispiel zum Vermarkten eines neuen Produktes, zur Eröffnung einer neuen Filiale, zur Ankündigung eines Sonderverkaufs etc.

Handlich.

Zu den größten Stärken eines Folders zählt sein kleines Format. Der Leser kann ihn problemlos einstecken, abheften, weiterreichen. Und ist dabei unabhängig von Internet und Strom.

Vielseitig.

Flyer sind einfach zu verteilen – per Post, im persönlichen Gespräch, in Läden und Firmenfoyers oder in Briefkästen. Außerdem können Sie sie Produkten ebenso leicht beilegen wie Katalogen, Imagebroschüren oder Mailings. Nicht zu vergessen die Verwendung als Leave behind, zum Beispiel bei persönlichen Gesprächen auf Fachmessen.

Preiswert.

Flyer sind billiger als Broschüren, Plakatwerbung oder Anzeigen. Das heißt natürlich nicht, dass Sie bei Konzeption, Grafik und Bildmaterial sparen sollten. Aber Sie können einen Folder leicht an Ihr Corporate Design anpassen und meist werden Sie auf ohnehin bereits vorhandene Fotos und Abbildungen zurückgreifen.

Informativ.

Natürlich kann ein Flyer nicht so ausführlich über Ihr Unternehmen informieren wie eine Webseite oder eine Broschüre. Aber er kann mehr verkaufsfördernde Infos transportieren als eine Anzeige oder ein Plakat. Der Folder lädt den Leser ein, mehr über Ihr Angebot zu erfahren – sei es durch einen Besuch in Ihrem Geschäft oder das Anfordern eines Kataloges.

Schnell produzierbar.

Vom Konzept bis zum Druck dauert es meist nur wenige Wochen. Mit einem Flyer können Sie also z. B. schnell auf den Launch eines neuen Produktes oder einer neuen Dienstleistung reagieren. Oder auf einen Messebesuch, den Sie noch rasch einschieben möchten und an dem Ihre geplante Broschüre noch nicht fertig ist.

Aktivierend.

Ein Folder enthält meist wenig Text und viele Bilder. Der Text ist leicht verständlich, informiert in wenigen, aber treffenden Worten über das Wesentliche und fordert den Leser zum Handeln auf – zum Beispiel zum Vereinbaren eines Beratungstermins. Diese handlungsfördernde Wirkung wird verstärkt, wenn der Leser den Flyer als Gutschein verwenden kann oder wenn Sie eine praktische Antwortkarte in den Folder integrieren.

Messbar.

Wenn Sie den Flyer mit einem Gutschein-Code für Ihren Online-Shop oder einer Antwortkarte versehen, können Sie leicht feststellen, wie viel Neugeschäft bzw. Anfragen Ihnen der Flyer gebracht hat.

Rasch wirksam.

Flyer können – abhängig von der Branche – ein schnelles Handeln des Lesers bewirken. Verglichen mit Marketing-Instrumenten wie PR-Artikel können Sie mit einer raschen Reaktion rechnen – vorausgesetzt, Sie versehen Ihren Flyer mit einer deutlichen Handlungsaufforderung, idealerweise ergänzt durch eine Rabattmarke oder Ähnliches.

Treffsicher.

Mit Flyern erreichen Sie Ihre Zielgruppe ohne größere Streuverluste – sofern Sie sie eng genug definiert haben. Gleichzeitig wirken sich die unvermeidlichen Streuverluste nicht allzu negativ auf Ihr Marketing-Budget aus – schließlich lassen sich Folder relativ preiswert herstellen.

FAZIT

Klein, aber oho: Folder sind schnell produzierbar, günstig und eignen sich daher für junge Unternehmen ebenso wie für Anbieter, die ein flexibles Werbemittel für aktuelle Anlässe suchen. Der kleine Bruder der Broschüre ist daher nicht zu unterschätzen, wenn es um treffsichere Zielgruppen-Ansprache geht.

Wozu eignen sich Flyer?

So können Sie Ihren Flyer einsetzen.

Flyer und Folder docken da an, wo aufwändigere Maßnahmen an ihre Grenzen stoßen: Wo Broschüren zu teuer in Herstellung und Verteilung sind, punkten Flyer mit ihrer schnellen und günstigen Produktion. Wo Webseiten an Computer und andere Endgeräte gebunden sind, überzeugen Folder als praktisches Offline-Werbemittel.

Deshalb eignet sich dieses flexible Faltprospekt für jede Unternehmensgröße und jede Branche – vom Start up bis zum Großkonzern, für freiberufliche Kreative ebenso wie für Hotels, Handwerker oder städtische Bürgerservices.

Hier einige Anlässe und Ideen:

TIPPS

Für Ihr Angebot.

Die Inhalte von Flyern und Foldern lassen sich skalieren und maßschneidern: Sie können einen kurzen Überblick über Ihr Unternehmen geben oder einzelne Produkte ausführlich vorstellen. Sie können einzelne Geschäftszweige präsentieren oder Filialen lokal bewerben. Das macht Flyer – im Gegensatz zu Firmenwebseiten oder Broschüren – zu hoch spezifischen Werbemitteln.

Für die Gründungsphase.

Die Webseite ist noch nicht fertig, für eine Broschüre fehlt das Geld, die Eröffnung steht an: Für Existenzgründer sind Flyer und Folder oft das Mittel der Wahl – billig, flexibel und damit perfekt für die ersten Schritte ins Unternehmertum.

Für Aktualisierungen.

Die Produktbroschüre ist erst zwei Monate alt und schon haben Sie drei neue Erzeugnisse im Angebot? Dann packen Sie sie doch einfach in einen Folder und legen Sie ihn der Broschüre bei.

Für einmalige Ereignisse.

Flyer eignen sich immer dann, wenn's schnell gehen muss und/oder wenn es sich um ein einmaliges Ereignis handelt: Aktionen, Eröffnungen, Veranstaltungen, Seminare, Vorträge, Diskussionsrunden, Gewinnspiele, Produktlaunches.

Für spezielle Zielgruppen.

Mit Flyern können Sie abgegrenzte Nischen Ihres Zielmarktes perfekt bedienen. Denken Sie zum Beispiel an einen Sozialverein für Integration, der einen Überblicks-Folder in verschiedenen Sprachen herausgibt und so die unterschiedlichsten Migranten ansprechen kann.

FAZIT

Mit Flyern können Sie werben, informieren, die Leute auf sich und Ihr Anliegen aufmerksam machen. Diese praktischen, kleinen Werbeträger ergänzen umfangreichere Maßnahmen wie Broschüren und Webseiten, aber auch spezifische Aktionen wie Anzeigen und Mailings.

Nutzen Sie Flyer und Folder, um die Schwächen Ihrer übrigen Marketingmaßnahmen auszugleichen und Ihre Verkaufsbotschaft umfassender zu verbreiten. Legen Sie fest, wie Ihr Flyer in Ihr Marketingportfolio passt, welche Aufgaben er übernehmen muss und planen Sie das Konzept entsprechend.

Wie finden Flyer ihre Leser?

So verteilen Sie Ihren Flyer.

Überlegen Sie sich schon im Vorfeld: Wie bringen Sie Ihren Flyer unter die Leute? Wie erreichen Sie Ihre Zielgruppe schnell, einfach und günstig? Wie halten Sie die Streuverluste gering?

Wenn Sie über diese Punkte bereits in der Planungsphase nachdenken, wird Ihnen klar, wie wichtig Aufbau und Text Ihres Folders sind. Sie erkennen zum Beispiel die Bedeutung des Covers: Wenn Sie Ihren Flyer auf dem Schwarzen Brett des örtlichen Seniorenheims anbringen, muss die Grafik ins Auge springen und die Cover-Headline leicht zu verstehen sein.

Wenn Sie hingegen planen, den Flyer ausschließlich bei einem persönlichen (Verkaufs)Gespräch weiterzugeben – etwa auf einer Technikmesse –, müssen Sie es mit der Knackigkeit von Text und Grafik nicht ganz so genau nehmen.

Hier einige Tipps, wo und wie Sie Ihren Folder an den Mann bringen:

TIPPS

Von Mensch zu Mensch.

Wenn Sie viel unterwegs sind und oft mit potenziellen Kunden ins Gespräch kommen: Haben Sie immer ein paar Flyer griffbereit und setzen Sie sie als „erweiterte Version" Ihrer Visitenkarte ein.

Spannen Sie auch Ihre Netzwerke ein: Wenn Sie ein Seminar zum Thema Suchmaschinenmarketing veranstalten, bitten Sie doch einfach die Mitglieder Ihres SEM-Stammtisches, ein paar Flyer an deren Kollegen und Freunde zu verteilen. So nutzen Sie den Umstand, dass Leute mit bestimmten Interessen ihrerseits Menschen mit denselben Interessen kennen.

Im lokalen Umfeld.

Fragen kostet nichts: Wenn Sie im lokalen Umfeld werben wollen, erkundigen Sie sich einfach bei Ihren Geschäftskollegen, ob Sie ein paar Flyer auslegen dürfen. Sie können ja im Gegenzug deren Flyer in Ihrem Laden unterbringen.

- Shops
- Gasthäuser, Restaurants, Cafés, Bars
- Ämter
- Ärzte
- Friseure, Solarien
- Kinos

Als Beilage.

Nutzen Sie den überschaubaren Umfang und das geringe Gewicht von Flyern und Foldern und packen Sie sie überall dort mit rein, wo sie ohne Umwege zur Zielgruppe gelangen.

Zum Beispiel:

- Imagebroschüren
- Kataloge
- Mailings
- Verpackungen/Produkte
- Rechnungen
- Beantwortung von Anfragen

So können Sie auch wunderbar von Cross- und Upselling profitieren. Etwa, wenn Sie Ihrem Coaching-Buch gleich den Folder für die nächsten Coaching-Seminare beilegen. Oder wenn Sie der Rechnung für den neuen Motorradhelm einen Flyer über individuell lackierte Helme beifügen.

Erkundigen Sie sich auch bei örtlichen Zeitungen und Magazinen, wie viel das Beilegen eines Flyers kostet.

Cross-Media.

Je nach Branche und Inhalt können Sie Ihren Flyer auch als Datei verbreiten – besonders, wenn Sie ihn mit einem Gutschein oder Rabattcode versehen oder wenn er nützliche Tipps (Checklisten etc.) für die Zielgruppe enthält. Verschicken Sie ihn zum Beispiel über Ihre Mailing-Liste, fügen Sie den Download-Link in Ihre Email-Signatur ein und vergessen Sie auch nicht Twitter, Facebook & Co.

In Kooperation.

Tun Sie sich mit anderen zusammen. Sei es mit der Handelskammer oder der Stadtverwaltung, die neuen Gewerbetreibenden bzw. zugezogenen Bürgern ein Willkommenspaket mit Flyern und Gutscheinen schickt; sei es mit komplementären Anbietern; sei es mit dem Café, in dem Sie Ihre Flyer auslegen möchten und dem Sie anbieten, Ihre Flyer mit Getränkegutscheinen zu versehen.

Schwarze Bretter.

Der große Vorteil von Aushängen: Sie werden praktisch nur von Leuten gelesen, die Zeit haben. Zum Beispiel von Studenten, die auf ihre nächste Vorlesung warten oder von Senioren, die sich die Zeit bis zu ihrem Volkshochschul-Kurs vertreiben. Nutzen Sie diesen Umstand und gestalten Sie Ihren Flyer so, dass er grafisch heraussticht und auf einen Blick erkennbar macht, worum es geht.

Beispiele:

- Universitäten
- Studentenheime
- Einkaufscenter
- Gemeindezentren
- Gemeindeämter
- Vereinsheime
- Waschsalons
- Seniorenheime
- Volkshochschulen
- Sportzentren

FAZIT

Das kleine Format und die geringen Produktionskosten von Flyern laden zum Experimentieren ein, was die Verteilung betrifft – Streuverluste fallen nicht so sehr ins Gewicht. Probieren Sie deshalb immer wieder mal originelle Wege der Distribution.

Gehen Sie dabei aber auf Nummer sicher und erkundigen Sie sich, ob die gewählte Form der Verbreitung auch erlaubt ist – zum Beispiel das Verteilen von Flyern in Fußgängerzonen, das Einwerfen in Briefkästen oder das Anbringen an Windschutzscheiben.

SPEZIALTIPP

Wenn Sie Ihren Folder im Rahmen von Beratungs- und Verkaufsgesprächen – etwa auf Messen – einsetzen: Verleihen Sie ihm eine persönliche Note und werten Sie ihn dadurch auf. Zum Beispiel, indem Sie einen individuellen Gutschein-Code auf der Rückseite notieren (natürlich mit begrenzter Gültigkeit). Oder indem Sie dem Interessenten Ihre Durchwahl oder die Nummer Ihres Diensthandys aufschreiben.

Tipps fürs Texten

Worum geht's

Flyer und Folder bieten wenig Platz – und das ist aus texterischer Sicht vielleicht die größte Herausforderung. Und: Diese Werbemittel werden oft nur kurz überflogen; der Leser beschäftigt sich mit ihnen weniger intensiv als zum Beispiel mit einer ausführlichen Produktbroschüre.

Das heißt: Sie müssen mit wenigen Worten die Aufmerksamkeit des Lesers gewinnen; Sie müssen Ihre Botschaft verdichten, in einfachen Worten beschreiben und so gliedern, dass sie schnell erfassbar ist. Kurz: Sie müssen rasch auf den Punkt kommen. Die folgenden Tipps helfen Ihnen dabei ...

Leicht und locker texten

Kommen Sie auf den Punkt und mäandern Sie nicht herum.

Mit der deutschen Sprache hat es eine eigentümliche Bewandtnis: Sie gilt bei vielen erst dann als seriös und fundiert, wenn sie möglichst geschraubt daherkommt: mit langen Schachtelsätzen, raffinierten Einschüben, komplexen Satzkonstruktionen. Viele Experten und Unternehmen trauen sich gar nicht erst, sich verständlich auszudrücken.

In Ihrem Flyer oder Folder müssen Sie aber so schreiben, dass der Leser Ihre Botschaft einfach und schnell erfasst. Er muss sich mit Ihren Inhalten beschäftigen, nicht mit Ihrer Satzarchitektur, mit schwerfälligen Wortungetümen oder exotischen Fremdwörtern. Sonst steigt er schneller aus, als Ihnen lieb ist.

Hier einige unverzichtbare Regeln für gute Texte:

TIPPS

Konkret.

Zeigen Sie dem Leser so deutlich wie möglich, was er von Ihrem Produkt zu erwarten hat. Konkretisieren Sie vage Aussagen, erklären Sie, was eine „maximale Ersparnis", eine „höhere Verfügbarkeit" oder eine „gesteigerte Effizienz" für den Kunden bedeuten.

Nennen Sie Zahlen, bringen Sie Vergleiche, führen Sie Fallbeispiele und Testimonials an. Schreiben Sie besser „48 Prozent" statt „fast 50 Prozent". So führen Sie dem Leser seinen Nutzen so deutlich wie möglich vor Augen. Und allein dadurch haben Sie Ihrer Konkurrenz einiges voraus.

Bildhaft.

Ein guter Text ist nicht nur leicht erfassbar, sondern erzeugt auch starke Bilder im Kopf des Lesers. Und zwar solche, die positive und verkaufsfördernde Gefühle auslösen. Übersetzen Sie also abstrakte Begriffe oder Fremdwörter in eine bildhafte Sprache.

Beispiel Paartherapie:

Welcher Foldertext spricht Sie mehr an? Wo fühlen Sie sich eher verstanden? Welche Therapeuten werden Sie anrufen?

Mit Hilfe von Ansätzen aus Psychotherapie und Coaching kreieren unsere Therapeuten eine Beratungsatmosphäre, die die konstruktive Arbeit an Partnerschaftsproblemen sicherstellt und dieselben einer Lösung zuführt.

oder

Ihr Partner zieht sich in sein Schneckenhaus zurück? Sie zweifeln an Ihrer Beziehung? Ihr Eheleben ist grau in grau? Wir finden eine Lösung. Gemeinsam.

Aktiv.

„Es wird dafür gesorgt werden, dass die Lieferung so schnell wie möglich zu Ihnen gebracht wird." Ähm – was?

Träge und schwer verständlich – so lesen sich die meisten Passivkonstruktionen. Außerdem wirken sie distanziert und unpersönlich. Schreiben Sie also lieber „Wir liefern so schnell wie möglich". So kommen Sie dynamischer, motivierter und freundlicher rüber.

Kurz.

Der Leser versteht kurze Sätze – bis etwa 13 Wörter – besser und schneller. Trennen Sie deshalb lange Sätze in kurze Einheiten. Doch Vorsicht: Übertreiben Sie es nicht, denn eine Kette aus ultrakurzen Sätzen wirkt zu gehetzt.

Finden Sie die richtige Mischung für ein angenehmes Lesetempo. Sprechen Sie Ihre Sätze einfach mal laut vor sich hin und beobachten Sie, wie es um Verständlichkeit und Geschwindigkeit bestellt ist. Und fügen Sie – wenn nötig – zu kurze Sätze wieder zusammen.

Verständlich.

Der übermäßige Gebrauch von Fach- und Fremdwörtern zeugt nicht von Kompetenz, sondern von mangelnder Kundenorientierung. Errichten Sie deshalb keine unnötigen Barrieren zwischen sich und dem Leser; texten Sie so, dass Sie nicht nur von Branchenexperten verstanden werden (und auch die freuen sich über leicht lesbaren Text).

Das heißt: Ersetzen Sie Fremdwörter so oft wie möglich durch den deutschen Ausdruck. Denn auch wenn viele Fremdwörter mittlerweile in den täglichen Sprachgebrauch eingegangen sind: Deutsche Wörter sind einfach verständlicher und erzeugen vor allem ein plastisches, erinnerbares Bild im Gehirn.

Ein paar Beispiele:

- Lage statt Situation
- untersuchen statt analysieren
- Werkzeuge statt Tools
- Aussichten statt Perspektiven
- einbauen statt installieren

Auch Abkürzungen machen Ihren Text schwerer verständlich – vor allem, wenn es sich um firmeninterne Kürzel handelt. Nicht jeder Arzt weiß zum Beispiel, dass es sich bei „PUV" um eine „Praxisunterbrechungs-Versicherung" handelt. Was in Ihrer Branche ein gängiges Kürzel ist, muss Ihrer Zielgruppe nicht unbedingt geläufig sein.

Dynamisch.

Vergleichen Sie mal:

Die Durchführbarkeit der Marktdaten-Erhebung ist in der jetzigen Situation nicht mit Sicherheit zu eruieren.

und

Derzeit ist es nicht sicher, ob wir die Marktdaten erheben können.

Die erste Variante klingt schwerfällig, getragen und unnötig aufgebläht. Die zweite Variante ist klar, dynamisch und schon beim ersten Durchlesen problemlos verständlich.

Vermeiden Sie daher Substantivierungen – also Nomen, die von Zeitwörtern abgeleitet sind und typischerweise auf folgende Silben enden:

-keit
-ung
-ion
-ät
-heit
-ismus

Dröseln Sie diese Hauptwörter auf, verwenden Sie stattdessen die entsprechenden Verben.

Aussagekräftig.

Was einem lebendigen Text außerdem nicht gut tut: „tote Verben". Das sind blasse, sperrige, ausdruckslose Zeitwörter, die Sie besser durch treffendere Ausdrücke ersetzen.

Zum Beispiel:

- sich befinden
- aufweisen
- erfolgen
- durchführen
- vornehmen
- unterziehen

Schreiben Sie zum Beispiel statt „Die Immobilie befindet sich am nördlichen Seeufer" besser „Die Immobilie liegt am nördlichen Seeufer". Oder statt „Wir unterziehen die Gemüseproben einer Untersuchung" besser „Wir untersuchen die Gemüseproben".

Selbstbewusst.

„Wir möchten Sie gerne über weitere Einzelheiten informieren." Warum so zaghaft?

Werden Sie ruhig direkter: „Wir informieren Sie gerne über weitere Einzelheiten." Das wirkt doch gleich selbstbewusster und zielgerichteter.

Also: Verbannen Sie Hilfsverben und die Möglichkeitsform (Konjunktiv) so weit wie möglich aus Ihrem Foldertext. Warum? Diese Zeitwörter sind blutleer und erzeugen keine Bilder im Kopf Ihrer Leser. Sie blähen den Text unnötig auf und wirken alles andere als aktiv, stark und direkt.

Setzen Sie die folgenden Wörter nur wohldosiert ein:

- würden
- sollen
- wollen
- dürfen
- müssen
- möchten
- können

FAZIT

Gute Texte fallen (leider) nicht einfach vom Himmel. Aber das müssen sie auch nicht. Nehmen Sie sich Zeit, überarbeiten Sie Ihre Textentwürfe wieder und wieder. Überprüfen Sie sie Schritt für Schritt auf Wort- und Satzsünden, holen Sie sich Unterstützung von Kollegen und Mitarbeitern.

ZITAT ZUM THEMA

„Etwas verstehen ist ein Erfolgs-Erlebnis für den Menschen. Der Leser quittiert jeden verstandenen Satz mit einem inneren JA. Aber jeder unverständliche Satz gibt ihm ein NEIN-Signal. Sobald die NEINs überwiegen, hört er zu lesen auf."

Hager, Reiner: So schreibt man Briefe, die verkaufen. Der sichere Weg zu erfolgreichen Werbebriefen. Landsberg am Lech, 1989, S. 67.

Mit Überschriften fesseln

Headlines mit Punktlandung.

Die Überschriften in Ihrem Folder müssen den Nerv des Lesers treffen, ihn berühren, bewegen, ein starkes Gefühl auslösen. Sie müssen in Sekundenschnelle neugierig machen und den Leser dazu bringen, dass er sich offen mit Ihrer Verkaufsbotschaft auseinandersetzt.

Dabei gibt es unzählige Möglichkeiten, wirksame Überschriften zu gestalten. Mein Tipp: Erfinden Sie das Rad nicht neu, sondern nutzen Sie bewährte Regeln:

TIPPS

Drücken Sie sich klar aus.

Versuchen Sie nicht, besonders originell oder witzig zu texten. Auch blumige Metaphern oder verzwickte Wortspiele sind bei Flyern fehl am Platz. Warum? Solche Überschriften kosten Zeit – der Leser muss erst den Wortsinn erfassen, die Headline womöglich mehrfach lesen, überlegen, was Sie eigentlich meinen usw. Und es ist fraglich, ob er Ihnen so viel Zeit und Interesse schenkt.

Deshalb: Schreiben Sie einfach, klar und verständlich, nach dem Motto: „Don't make me think." Der Leser sollte Ihre Überschriften auf einen Blick erfassen und verstehen.

Wählen Sie starke Wörter.

Welche Überschrift wirkt stärker auf Sie:

So erhöhen Sie die Sicherheit Ihres Computersystems mit wenig Aufwand

oder

So einfach schützen Sie Ihre Daten

Der Unterschied ist deutlich. Die erste Version müssen viele Adressaten vielleicht sogar zweimal lesen; sie enthält einige Wörter, die man zwar kennt, die aber relativ blass sind, wie zum Beispiel „erhöhen", „Computersystem" oder „Aufwand". Die zweite Version ist kürzer, leichter verständlich und enthält Wörter („einfach", „schützen"), die wichtige Bedürfnisse nach Bequemlichkeit und Sicherheit ansprechen.

Deshalb: Verwenden Sie kurze Wörter aus der Umgangssprache, geläufige Begriffe, die leicht zu verdauen sind und gleichzeitig die zentralen Kaufmotive der Leser ansprechen.

Zeigen Sie den Nutzen.

Nur wenn Sie dem Leser auf den ersten Blick verdeutlichen, was ihm Ihr Angebot bringt, wird er Ihnen seine Zeit schenken, sprich Ihren Folder lesen.

Versetzen Sie sich deshalb in die Lage des Kunden und fragen Sie sich, was er von Ihrem neuen Produkt, Ihrem verbesserten Service oder Ihrem Seminar hat. Setzen Sie dabei auf den Hauptnutzen, auf jenes Argument, das wirklich den „wunden Punkt" des Lesers trifft.

Zum Beispiel: Schreiben Sie statt „Wir haben unsere Logistik für Sie optimiert" besser „Jetzt erhalten Sie Ihre Pakete doppelt so schnell".

Seien Sie spezifisch.

Wieder ein direkter Vergleich: Welche Headline spricht Sie am meisten an?

So gewinnen Sie mehr Shopkunden

oder

So verdoppeln Sie Ihren Shop-Umsatz in sechs Monaten

Die erste Überschrift ist eigentlich nicht schlecht – sie ist kurz, einfach und bietet einen klaren Nutzen.

Doch die zweite Überschrift macht eine stärkere Ansage – sie arbeitet mit messbarem Nutzen und verspricht eine nachvollziehbare Anleitung, wie der Leser mehr aus seinem Online-Shop holen kann.

Seien Sie aber vorsichtig, wenn Sie solche Versprechungen machen; Sie lehnen sich unter Umständen sehr weit aus dem Fenster.

FAZIT

Nehmen Sie sich für das Texten der Folder-Headlines genügend Zeit. Oft zeigt sich, dass der erste Entwurf noch nicht das Wahre ist und Sie die Überschriften aus einer neuen Perspektive angehen müssen. Beobachten Sie sich selbst: Von welchen Überschriften fühlen Sie sich angesprochen? Nach welchem Muster sind diese Headlines gestaltet? So erhalten Sie mehr und mehr Gespür für starke Überschriften.

SPEZIALTIPPS

Hier noch drei Anregungen, die Ihnen das Formulieren der Headlines erleichtern:

Stellen Sie Fragen.

„Leiden Sie an Völlegefühl nach dem Essen?" oder „Lust auf spürbar glattere Haut?" Sofern sich der Leser angesprochen fühlt, wird er diese Fragen unwillkürlich beantworten. Er sucht dann im Fließtext nach weiteren Infos und konkreten Angeboten.

Die Gefahr bei solchen Überschriften ist, dass sie manche Leser mit „Nein" beantworten und gar nicht erst weiterlesen. Diese Leser werden wahrscheinlich ohnehin nicht zu Ihrer Zielgruppe gehören, dennoch sollten Sie die Frage in der Überschrift nicht zu eng formulieren, um nicht von vornherein zu viele mögliche Kunden auszuschließen.

Fordern Sie zum Handeln auf.

Fordern Sie den Leser auf, etwas Bestimmtes zu tun. Zum Beispiel: „Stoppen Sie Fußgeruch mit FootPur" oder „Planen Sie jetzt Ihren Sommerurlaub".

Eine Überschrift mit einem Call to Action spricht den Leser unmittelbar an und weckt seine Aufmerksamkeit. Außerdem können Sie den wichtigsten Angebotsvorteil geschickt unterbringen. Formulieren Sie solche Headlines aber vorsichtig – sie sollten nicht wie militärische Befehle klingen.

Geben Sie Anleitungen und Tipps.

Wenn Sie mit Ihrem Folder konkreten Mehrwert bieten wollen: Kurze Checklisten, bewährte Anwendertipps, Rezepte, Anleitungen usw. eignen sich dafür besonders gut. Bieten Sie dem Leser wertvolle Infos in leicht konsumierbaren Häppchen – Infos, die den Leser bei seiner Zielerreichung unterstützen. Sagen Sie ihm schon in der Überschrift, was ihm der Fließtext bietet.

Verwenden Sie dazu Formulierungen wie

- „Die 5 besten Tipps für perfekten Kompost"
- „Wie Sie Ihren Garten winterfest machen"
- „10 Gründe, warum Sie schon heute für Ihre Zukunft vorsorgen sollten"

Diese Form von Überschriften ist sehr effektiv, weil sie den Leser neugierig macht und zugleich verwertbare Infos ankündigt – vorausgesetzt natürlich, Sie halten im Fließtext das Versprechen der Headline und schweifen nicht vom Thema ab.

ZITAT ZUM THEMA

„[...] the most importang flyer element ist the headline. This is because the headline promises the benefit or at least makes a statement or asks a question that draws the reader into the copy."

Jacobs, Marvin: Graphic Design Concepts. The Desktop Publisher's Guide to Designing Business Documents, Forms, and Web Sites. North Olmsted, 2004, S. 143.

Mit Worten verführen

Nutzen Sie die Zauberwörter der Werbesprache.

Auch wenn wir sie schon tausendmal gelesen haben: Manche Signalwörter in der Werbung haben ihren Reiz immer noch nicht verloren – Wörter wie „neu", „gratis" oder „Garantie".

Diese Begriffe schaffen Aufmerksamkeit, weil sie zentrale Kaufmotive der Menschen ansprechen: den Wunsch nach Sicherheit, nach Zeitersparnis, nach Anregung, nach Prestige etc.

Verwenden Sie deshalb diese Wörter auch in Ihren Flyern und Foldern. Versuchen Sie nicht auf Biegen und Brechen, diese Ausdrücke durch unverbrauchte Wendungen zu ersetzen. Verlassen Sie sich lieber auf die bewährte Wirkung der magischen Werbeworte – sie beeinflussen unser Denken und Handeln und sind uns vertraut. Und Vertrautes verkauft meist besser.

Hier einige der wichtigsten „Magic Words":

TIPPS

Gratis, kostenlos.

Ob wir wollen oder nicht: Unser Auge bleibt immer wieder an diesen Wörtern hängen, deshalb zählen sie zu den kraftvollsten Begriffen der Werbesprache. Deshalb: Verwenden auch Sie diese Wörter – wohldosiert, versteht sich. Zum Beispiel: „Sichern Sie sich jetzt Ihren Seminarplatz und freuen Sie sich auf ein Gratis-Trainingsbuch!"

Neu.

Menschen mögen Neuigkeiten. Und sie wollen gerne die ersten sein, die ein neues Produkt verwenden – denn das verspricht Sozialprestige und die Bewunderung von Kollegen und Freunden. Nutzen dieses Bedürfnis!

Jetzt.

„Jetzt minus 30 %!": Das Wort „jetzt" verkündet ein begrenztes Angebot, eines, bei dem der Leser sofort zugreifen muss, wenn er sich einen Vorteil sichern will. Deshalb wird es besonders häufig bei Handlungsaufforderungen verwendet: „Bestellen Sie jetzt!"

Geheimnis.

Menschen fühlen sich vom Rätselhaften angezogen und möchten gerne zu jenen Auserwählten gehören, denen ein Geheimnis enthüllt wird. Sie möchten wissen, was hinter einer Behauptung steckt; die Aufmerksamkeit der Leser wird geweckt – und das ist genau das, was Sie mit Ihrem Werbetext erreichen wollen. Zum Beispiel: „Besuchen Sie unser exklusives Sonnenstudio und entdecken Sie das Geheimnis natürlicher Sommerbräune".

Garantie.

„Frische-Garantie" – „aus garantiert biologischem Anbau": Mit dem Wort „Garantie" können Sie die Unsicherheiten verringern, die den Interessenten von einem Kauf abhalten. Sie nehmen Ängste und bauen Blockaden ab. Das gelingt Ihnen auch, wenn Sie eine großzügige Garantie anbieten („Geld-zurück-Garantie"). So bauen Sie Vertrauen auf und kommen einem Kaufabschluss näher.

Sicher.

„Der sichere Weg zu Ihrem Eigenheim" – „So kommt Ihr Kind sicher in die Schule" – „Gehen Sie auf Nummer sicher": Das Wort „sicher" signalisiert dem Leser, dass er sein Ziel ohne Risiken und Probleme erreichen kann. Es beruhigt und macht ihn offen für neue Möglichkeiten – sprich: Ihr Angebot.

Sie/Ihr.

Sprechen Sie mit dem Leser, betonen Sie seinen Nutzen und machen Sie ihm ein persönliches Angebot. Schreiben Sie zum

Beispiel statt „Bestellen Sie jetzt das Willkommenspaket" besser „Bestellen Sie jetzt Ihr Willkommenspaket".

Einfach.

Zeigen Sie dem Leser, dass Ihr Produkt einfach zu benutzen ist und dass er ohne kompliziertes Prozedere zu seinem gewünschten Ergebnis kommt. Beispiel: „So geht Klöppeln ganz einfach" oder „In drei einfachen Schritten zum eigenen Kräutergarten".

Sparen.

Zeit und Geld sparen gehören zu den wichtigsten Antrieben von Käufern. Und jeder will gerne wissen, wie viel er einsparen kann und was er dafür tun muss. Zum Beispiel: „Jetzt anmelden und 20 % sparen!"

FAZIT

Nutzen Sie die Signalwirkung dieser Reizwörter. Sie sind bewährt und werden in der Werbung immer wieder eingesetzt. Mit Begriffen wie „neu", „jetzt" oder „einfach" sprechen Sie wichtige Kaufmotive an und machen auf Ihr Angebot aufmerksam. Übertreiben Sie es aber nicht – wenn Sie zu viele Zauberwörter verwenden, wirkt Ihr Folder billig und unprofessionell.

ZITAT ZUM THEMA

„Often operating under the mistaken notion that the mission of the copywriter is to be creative, advertisers sometimes avoid the magic words of direct mail. They think the phrases are clichés. But clichés are familiar and people become engaged by the familiar."

Lima, Paul: Copywriting That Works: Bright Ideas to Help You Inform Persuade, Motivate and Sell. o.O., 2011, S. 97.

Den Leser ansprechen

„Sie" statt „wir".

Auf die richtige Perspektive kommt es an: Wie bei allen anderen Marketingmaßnahmen müssen Sie auch bei Flyern und Foldern vom Kunden her denken. Denn für den Leser geht es zunächst um seine Probleme, seine Bedürfnisse und seinen Nutzen – und nicht um Ihr Produkt.

Das heißt fürs Texten: Stellen Sie den Kunden in den Mittelpunkt, gehen Sie sprachlich auf ihn ein. Reden Sie nicht ständig von sich selbst, auch wenn Sie überzeugt sind, dass Sie mit Ihrem Produkt die Kundenprobleme am besten lösen können. Mit einem Wust aus „Wir sind"- und „Mein Produkt kann"-Sätzen riskieren Sie, dass sich der Leser überflüssig vorkommt und Ihren Flyer schließlich wegwirft.

Ersetzen Sie deshalb Ihre „Wir"-Botschaften durch „Sie"-Formulierungen. So zeigen Sie, dass Sie den Leser mit seinen Nöten und Bedürfnissen ernst nehmen und nicht nur Ihr Produkt an den Mann bringen wollen. Der Leser fühlt sich auf diese Weise respektvoll behandelt; er wird offener für Ihre Verkaufsbotschaft.

Hier einige Beispiele:

TIPPS

statt: Wir freuen uns auf Ihren Anruf.
besser: Rufen Sie uns an – wir freuen uns auf Sie.

statt: Unsere Hotline ist rund um die Uhr besetzt.
besser: Sie erreichen unsere Hotline rund um die Uhr.

statt: Wir präsentieren Ihnen unser umfassendes Gartengeräte-Angebot.
besser: Bei uns finden Sie alles, was Sie für Ihre Gartenarbeit brauchen.

statt: Wir sind stolz auf unsere vielfach ausgezeichnete Küchencrew.
besser: Genießen Sie die Kreationen unserer vielfach ausgezeichneten Küchencrew.

statt: Wir haben die führenden CRM-Experten Deutschlands eingeladen.
besser: Profitieren Sie vom Wissen der führenden CRM-Experten Deutschlands.

FAZIT

Natürlich sind Sie von Ihren Erzeugnissen und Serviceleistungen begeistert; natürlich gehen Sie davon aus, dass Ihr Angebot den Bedürfnissen des Lesers am besten entspricht; natürlich wollen Sie betonen, wie professionell, qualitätsbewusst und einzigartig Sie sind. Das darf Sie aber nicht dazu verleiten, sich selbst wichtiger zu nehmen als den potenziellen Kunden.

Mein Tipp: Treten Sie einen Schritt zurück und versuchen Sie, Ihren Text aus Sicht des potenziellen Käufers zu sehen. Reden Sie mit dem Leser? Stellen Sie eine Verbindung zu ihm her? Geben Sie ihm das Gefühl, seine Probleme lösen zu können? Prüfen Sie also Ihren Text dahingehend, ob Sie die „Wir"- und „Ich"-Botschaften in „Sie"-Botschaften umformulieren können.

Texte gliedern

Fürs Auge schreiben.

Kaum ein Leser wird es sich zusammen mit Ihrem Folder gemütlich machen, ihn konzentriert vom Cover bis zur letzten Seite durchlesen und sich unverdrossen durch lange Textblöcke kämpfen.

Vielmehr werden die Leser Ihren Flyer zunächst überfliegen, ihn scannen, anhand von Überschriften und Grafiken entscheiden, ob sich eine vertiefende Lektüre lohnt.

Diesem Leseverhalten müssen Sie mit der Gestaltung Ihres Folders entsprechen. Das heißt: Ihr Grafiker sollte für ein aufgeräumtes, überschaubares Layout sorgen, für ansprechende Fotos und informative Grafiken.

Ihre Aufgabe ist es, den Text in schnell erfassbare Einheiten zu gliedern. Denn nichts wirkt abschreckender als unüberschaubare Textmengen. Ein solcher Aufbau signalisiert dem Gehirn des Lesers: „Achtung, Arbeit!" Und wer will sich schon gerne anstrengen …

Hier einige Empfehlungen für den textlichen und grafischen Aufbau:

TIPPS

Text strukturieren.

Bieten Sie dem Auge des Lesers textliche Ankerpunkte, die Ihre wichtigsten Botschaften transportieren:

- Headlines
- Zwischenüberschriften
- Bildbeschreibungen
- Aufzählungen
- Stichwortlisten
- Zusammenfassungen

Grafiken und Tabellen.

Eine der größten Nachteile von Flyern und Foldern: der begrenzte Platz. Versuchen Sie deshalb, komplexe Sachverhalte in grafischer Form zu illustrieren – durch Infografiken oder Tabellen.

Grafische Elemente.

Mit grafischen Elementen lockern Sie den Text auf, vermeiden schwerfällige Textblöcke und erleichtern das Erfassen und Verarbeiten Ihrer Infos. Mit Textboxen, großen Überschriften, Teasern, Fotos, Rahmen usw. machen Sie das Layout frischer, leichter und übersichtlicher. Nicht vergessen: Ihre Leser betrachten zuerst die Fotos und Überschriften – packen Sie daher Ihre wichtigste Botschaft in diese Elemente.

FAZIT

Gliedern Sie den Flyertext in eine logische Abfolge von überzeugenden Argumenten; denken Sie „grafisch" und führen Sie den Leser mit Überschriften, Bildtexten, Aufzählungen durch dieses schriftliche Verkaufsgespräch. Sorgen Sie dafür, dass der Leser schon in den ersten Sekunden erkennt, was ihm Ihr Angebot bringt – nur dann wird er sich intensiver mit Ihrem Folder beschäftigen.

BEISPIEL

Was liest sich leichter – Variante 1 oder Variante 2?

Variante 1:

In unserem Seminar „Texten fürs Web" erfahren Sie alles über die Gestaltung von Online-Texten. Wir beschäftigen uns ebenso mit dem Einbau von relevanten Keywords, mit der Bedeutung von Professionalität und Glaubwürdigkeit im Internet, mit dem Aufbau von Vertrauen und mit der Frage, wie Sie Ihre Webbesucher zum Handeln bringen. Außerdem lernen Sie

Möglichkeiten kennen, die User an Ihr Unternehmen zu binden und generell mehr Kunden im Internet zu gewinnen. Wir laden Sie deshalb herzlich ein, sich so schnell wie möglich anzumelden.

Variante 2:

In unserem Seminar „Texten fürs Web" lernen Sie,

- wie Sie Online-Texte gestalten
- wie Sie Keywords einbauen
- wie Sie glaubwürdig und professionell wirken
- wie Ihnen die Leser vertrauen
- wie Sie die User zum Handeln auffordern
- wie Sie Ihre Besucher an sich binden
- wie Sie mehr Kunden im Internet gewinnen

Melden Sie sich jetzt an!

Tipps fürs Konzept

Worum geht's

Die richtigen Argumente bieten, unausgesprochene Leserfragen beantworten, Einwände ausräumen, die wichtigsten Kaufmotive ansprechen, den potenziellen Kunden zum Handeln bringen – so ein Flyer muss ganz schön viel leisten. Daneben muss er sich noch ins bestehende Marketing-Instrumentarium einfügen und seinen Platz im Verkaufsprozess finden.

Alles gar nicht so einfach. Lassen Sie sich deshalb von den folgenden Kapiteln inspirieren und planen Sie Ihr Konzept Schritt für Schritt.

Das Ziel des Flyers kennen

Was soll der Flyer für Sie tun?

Bei einem Flyer kommt man leicht in Versuchung, einfach drauflos zu schreiben, sich ein paar nette Grafiken zu überlegen, das ganze irgendwie zusammenzubasteln und die Daten gleich in die Druckerei zu schicken. Kostet ja nicht viel.

Nur: Dann darf man sich auch nicht wundern, wenn der erhoffte Erfolg ausbleibt. Zum Beispiel, weil die Vertriebsmitarbeiter den Folder nicht verwenden können, da die letzten Preisänderungen nicht berücksichtigt sind. Oder weil die Leser des Flyers nicht wissen, wie sie den Rabatt-Coupon einlösen. Oder weil die Zielgruppe aufgrund der fehlenden Lageskizze gar nicht erst ins beworbene Hinterhof-Café findet.

Sie sehen: Einen Flyer zu gestalten, kann ganz schön tricky sein. Umso wichtiger ist es, dass Sie das Ziel Ihres Folders kennen, seine Aufgabe im Gesamtmarketing, die Art und den Zeitpunkt seines Einsatzes. Denn von diesen Punkten hängen Konzept und Inhalt ab.

Hier einige Überlegungen:

TIPPS

Was wollen Sie mit dem Flyer erreichen?

- Image stärken
- neue Kunden gewinnen
- alte Kunden aktivieren

Worum geht's konkret?

- das gesamte Unternehmen bewerben
- einen Teilbereich präsentieren
- ein neues Produkt/Service vorstellen
- eine Veranstaltung ankündigen

Welche Rolle spielt der Flyer im Gesamtmarketing?

- Steht er für sich alleine?
- Ergänzt er Broschüren, Webseiten, Verkaufsunterlagen?
- Fasst er Broschüren, Webseiten, Verkaufsunterlagen zusammen?
- Welche (Teil)Zielgruppen muss der Folder aktivieren?

Welche Rolle spielt er im Verkaufsprozess?

- Zu welchem Zeitpunkt der Verkaufsanbahnung wird der Folder eingesetzt?
- Wird er im persönlichen Gespräch verwendet oder spricht er für sich selbst?
- Welches Angebot machen Sie dem Leser konkret?
- Welche verkaufsrelevanten Infos muss der Flyer enthalten?
- Welche verkaufsfördernden Elemente beinhaltet er (Gutschein etc.)?

Wie erreichen Sie Ihre Leser?

- Bevorzugt Ihre Zielgruppe On- oder Offline-Inhalte?
- Was spricht Ihre Zielgruppe eher an: gutes Design oder nützliche Inhalte?
- Was sind die Bedürfnisse und Erwartungen Ihrer Leser?
- Wollen Sie mit Ihrem Flyer werben oder eher informieren?
- Wo hält sich Ihre Zielgruppe auf?
- Wie werden Sie den Folder verbreiten?

Was soll der Leser tun?

- gleich bestellen
- Ihre Webseite besuchen
- Infomaterial anfordern
- einen Präsentationstermin vereinbaren
- sich für eine Veranstaltung anmelden
- eine Reservierung vornehmen
- anrufen, mailen, faxen, persönlich vorbeikommen

FAZIT

Legen Sie fest, wo die Reise hingehen soll. So planen Sie Ihren Flyer von Anfang an mit dem richtigen Fokus und können dann Inhalte, Text und Grafik von einem tragfähigen Konzept ableiten. Auf diese Weise wird Ihr Folder eine runde Sache – und bringt auch den gewünschten Erfolg.

Schriftlich verkaufen

Der Flyer als stummer Verkäufer.

Das Ziel Ihres Folders ist jetzt festgelegt. Nun gilt es, dieses Ziel möglichst schnell und elegant zu erreichen, Hindernissen auszuweichen und alles für den Zieleinlauf vorzubereiten.

Halten Sie sich dazu immer vor Augen, dass Ihr Folder ein schriftlicher Verkäufer ist. Er spricht an Ihrer Stelle mit dem potenziellen Kunden – und wie in einem persönlichen Verkaufsgespräch muss Ihr Flyer dem Leser Ihr Angebot schmackhaft machen und gleichzeitig kaufhemmende Zweifel und Ängste beseitigen.

Ihr Flyer sollte deshalb die wichtigsten Inhalte eines guten Verkaufsgespräches abbilden: die (unausgesprochenen) Einwände und Fragen des Lesers beantworten, den Kundennutzen klar hervorheben, zum Handeln auffordern. Wie in einem persönlichen Gespräch folgen Sie in Aufbau und Text den Gedanken des Lesers und formulieren Argumente, die den Leser zum Handeln bringen – ob er nun ein Produkt bestellt, sich für Ihr Seminar anmeldet oder Ihre Filialeröffnung besucht.

Dazu einige Empfehlungen:

TIPPS

Fragen beantworten.

Aus Ihren eigenen Kundenkontakten, aus Email-Anfragen und Gesprächen mit Ihren Vertriebsleuten kennen Sie die wichtigsten Kundenfragen. Vor allem will der Leser wissen, was er von Ihrem Angebot hat – warum er Ihr neues Erzeugnis ausprobieren soll, was ihm Ihr Workshop bringt, was Ihr neues Restaurant so besonders macht.

Dazu schwirren ihm noch viele andere Fragen im Kopf herum – und die sollten Sie kennen, damit Sie nicht am Leser vorbei argumentieren und ihn ratlos (und befreit von jeglicher Kaufabsicht) zurücklassen:

- Welches meiner Probleme kann das Produkt lösen?
- Kann es mein Problem schneller, einfacher, günstiger lösen als Konkurrenzprodukte?
- Wie teuer kommt mir das?
- Ist es eine bewährte Lösung?
- Wie sieht es mit Produktspezifikationen, Service und Garantie aus?
- Wie vertrauenswürdig ist der Anbieter?
- Welches Unternehmen schickt mir diesen Flyer?
- Wie komme ich zu weiterführenden Infos?
- Wer ist mein Ansprechpartner?
- Was muss ich jetzt tun?

Einwände behandeln.

Ihr Flyer sollte nicht nur offene Fragen beantworten, sondern auch die Bedenken und Einwände Ihrer Zielgruppe vorwegnehmen und entkräften – und idealerweise gleich in einen Vorteil umwandeln.

Häufige Einwände sind:

- Das Produkt ist zu teuer.
- Das Produkt ist zu kompliziert.
- Wir sind mit unserem aktuellen Lieferanten sehr zufrieden.
- Es ist unklar, ob sich das Produkt überhaupt rechnet.
- Ein Produkt-/Anbieterwechsel ist viel zu aufwändig.
- Ich bin nicht interessiert.
- Warum soll der Service besser als unsere jetzige Lösung sein?

Entkräften Sie diese Bedenken, indem Sie

- auf besondere Garantie-Bestimmungen hinweisen
- konkrete Zahlen bei Einsparungen nennen
- das günstige Preis-/Leistungsverhältnis betonen
- auf die kurze Amortisationsdauer verweisen
- mögliche Einsparungen anhand von Beispielrechnungen verdeutlichen

- Testimonials anführen
- kostenlose Testversionen oder Beratungsgespräche anbieten

FAZIT

Bieten Sie in Ihrem Flyer Antworten, nehmen Sie Ängste, beseitigen Sie Zweifel. So fühlt sich der Kunde verstanden und wird Ihrer Handlungsaufforderung bereitwilliger folgen. Dieses Modell des gedachten Verkaufsdialoges hilft Ihnen dabei, den Flyer entsprechend zu gliedern und verkaufsfördernd zu texten. Es geht schlussendlich darum, beim Leser ein „Ja" zu erreichen – ein Ja zum Produkt, ein Ja zu weiteren Informationen, ein Ja zum Beratungstermin etc.

Kaufmotive thematisieren

Was Leser wollen.

Kennen Sie eigentlich die Kaufmotive Ihrer Kunden? Wissen Sie, warum sie ausgerechnet Ihr Produkt kaufen? Und wie Sie diese Motive wirksam ansprechen?

Kaufmotive bewegen den Interessenten zum Handeln; sie sind ihm mehr oder weniger bewusst und lenken seine Kaufentscheidungen. Die Kunst ist nun, die Kaufmotive Ihrer Zielgruppe zu erkennen und sie mit den richtigen Inhalten und Formulierungen anzusprechen. So hat der Leser das Gefühl, dass es um ihn geht, um seine ganz individuellen Nöte und Bedürfnisse. Es entstehen Nähe, Verständnis und Vertrauen – und Vertrauen fördert den Verkauf.

Das heißt also: Geben Sie den Lesern Ihres Flyers gute Gründe, Ihr Produkt zu erwerben und orientieren Sie sich dabei an den wesentlichen Kaufmotiven:

TIPPS

Sicherheit.

Menschen wollen sich sicher fühlen – ob hinsichtlich Altersvorsorge, Geldanlage, Familie oder Eigentum. Dieses Sicherheitsbedürfnis befriedigen Sie beispielsweise mit Garantien: „Bei dieser Halogenlampe garantieren Ihnen eine Lebensdauer von mindestens fünf Jahren." Oder mit Formulierungen wie „Sie können darauf vertrauen, dass ..."

Ansehen.

Vielen Leuten sind Prestige, Status und gesellschaftliche Anerkennung sehr wichtig. Sie geben gerne Geld für das Gefühl aus, etwas Besonderes zu sein – zum Beispiel das neueste Modell von Mercedes zu fahren. Hier eignen sich Wendungen wie „Ihre

Kollegen werden Sie beneiden" oder „Sie als erfahrener Arzt …".

Neugier.

Der Mensch sucht ständig nach Neuem und nach Abwechslung – durch neue Produkte, neue Erfahrungen oder neue Erlebnisse. Nicht umsonst gehört das Wort „neu" zu den wichtigsten Zauberwörtern der Werbesprache. Es verspricht Stimulation und das erhebende Gefühl, als einer der ersten ein bestimmtes Produkt zu verwenden. Im Text sprechen Sie dieses Bedürfnis etwa so an: „Freuen Sie sich auf eine ganz neue Erfahrung" oder „Probieren Sie unsere neue Kräuterseife gleich aus. Sie werden überrascht sein."

Gewinn.

Auch das Gefühl, ein Schnäppchen zu machen, wirkt stimulierend. Argumentieren Sie deshalb mit finanziellen Vorteilen: „Bestellen Sie noch heute und sparen Sie sich die Bearbeitungsgebühr" oder „Jeden Montag: Minus zehn Prozent auf alle Werkzeuge".

Gesundheit.

Körperliches Wohlbefinden, Fitness, Leistungsfähigkeit – wichtige Säulen der Lebensqualität. Mit Wörtern wie bio, vital, natürlich oder Wohlbefinden unterstreichen Sie den gesundheitlichen Aspekt Ihrer Produkte.

Selbstverwirklichung.

Die eigenen Talente entfalten und ein erfülltes Leben führen sind in unserer Gesellschaft wichtige Themen. Dazu gehört auch, sich als Individuum von anderen abzugrenzen und eigene Wege zu gehen. Indem Sie maßgeschneiderte Leistungen anbieten und der Zielgruppe das Gefühl geben, anders als die anderen zu sein, sprechen Sie das Bedürfnis nach Selbstverwirklichung an.

Bequemlichkeit.

Die meisten Menschen handeln nach dem Motto: mit möglichst wenig Aufwand ein möglichst gutes Ergebnis erzielen. Das Argument der Zeitersparnis lässt sich daher meistens recht erfolgreich einsetzen: „Erledigen Sie Ihre Bankgeschäfte ganz bequem vom Sofa aus." – „Wir schulen Ihre Mitarbeiter direkt in Ihrem Unternehmen. So sparen Sie Zeit und Geld."

Geselligkeit.

Der Mensch ist gerne mit anderen zusammen, tauscht sich mit ihnen aus und verlebt gerne gesellige Stunden. Er fühlt sich gerne einer Gemeinschaft zugehörig – etwa beim Club-Urlaub oder beim Harley-Davidson-Treffen. Appellieren Sie deshalb ruhig an dieses soziale Grundbedürfnis: „Erfolgreich abnehmen mit Gleichgesinnten." – „Seien Sie dabei und treffen Sie erfolgreiche Börsianer beim gemütlichen Kamingespräch von Börse Aktuell."

FAZIT

Sprechen Sie bei Ihrer Nutzenargumentation die menschlichen Bedürfnisse an. Nähern Sie sich Ihren Lesern auf der emotionalen Ebene und erleichtern Sie ihnen die Kaufentscheidung. Machen Sie ihnen klar, dass Ihr Produkt genau ihren wichtigsten Kaufmotiven entspricht. Dazu müssen Sie allerdings die Kaufmotive Ihrer Zielgruppe kennen; Sie müssen wissen, warum Ihr Produkt eigentlich gekauft wird.

Nutzen bieten

„... was ist für mich dabei drin?"

Was immer Sie mit Ihrem Folder bewerben – ein neues Kräutershampoo, die Wiedereröffnung eines Massage-Instituts, die Selbsthilfegruppe für frisch Geschiedene – der Leser will vor allem wissen, was ihm Ihr Angebot bringt.

Er kann zum Beispiel wenig mit der Information anfangen, dass Ihr innovatives Shampoo die Essenzen aus fünf kaukasischen Bergkräutern enthält. Viel interessanter ist da schon die Tatsache, dass sich das Shampoo gut mit Wasser verdünnen lässt und ein kleines Fläschchen viele Wochen lang reicht. Der Anwender pflegt also nicht nur sein Haar mit einem naturbelassenen Produkt, sondern spart dabei auch noch Geld. Das sind jene Infos, die zum Kauf motivieren.

Denken Sie daran: Der Leser Ihres Folders will wissen, was die beworbenen Erzeugnisse und Dienstleistungen für ihn tun können:

- Wie nützt mir das Produkt?
- Wie kann es mein Problem lösen?
- Macht es mein Leben einfacher, schöner, glücklicher?
- Spart es mir Zeit und/oder Geld?
- Macht es mich angesehener, beliebter?

Diese Leserfrage „Was ist für mich dabei drin?" müssen Sie in Ihrem Flyer beantworten. Listen Sie daher nicht einfach nur die Produktmerkmale auf, sondern führen Sie auch Vorteile und Nutzen an. Beziehen Sie sich auf die wichtigsten Kaufmotive Ihrer Zielgruppe und machen Sie dem Leser klar, was ihm die verbesserte Computerleistung, das Coaching-Wochenende für Freiberufler oder das neue Kochbuch für Großfamilien konkret bringen.

Und wie kommen Sie vom Produktmerkmal zum Kundennutzen? Indem Sie mit dem Dreischritt Merkmal – Vorteil – Kundennutzen arbeiten:

TIPPS

Merkmal.

Viele Werbetexte beschränken sich (leider) auf die Aufzählung von Produktmerkmalen wie Gewicht, Größe, Geschmacksrichtung, Farbe, Leistungsdaten. Diese objektiven Eigenschaften sind jedoch lediglich neutrale Informationen – der Kunde nimmt sie auch als solche wahr und hat Schwierigkeiten, einen Bezug zu seinen persönlichen Problemen und Bedürfnissen herzustellen.

Die Überzeugungskraft von Merkmalen ist deshalb recht gering; sie reichen nicht aus, um Qualität und Wert eines Produktes zu vermitteln.

Beispiel Buchhaltungssoftware:

Diese Software erstellt umfangreiche Reports.

Vorteil.

Arbeiten Sie nun die Vorteile der Produktmerkmale heraus. Zeigen Sie, wie eine Produkteigenschaft dem Kunden weiterhilft – so wecken Sie Interesse und die Bereitschaft, sich näher mit Ihrem Angebot zu beschäftigen. Die meisten Werbebotschaften argumentieren mit solchen allgemeinen Vorteilen – allerdings wird dabei der einzelne Kunde mit seinen individuellen Bedürfnissen noch nicht berücksichtigt.

Beispiel Buchhaltungssoftware:

Mit dieser Reportfunktion erhalten Sie aktuelle Kennzahlen in Echtzeit.

Nutzen.

Mit diesem Argumentationsschritt wird dem Leser klar, wie er konkret von Ihrem Produkt profitiert. Ihm wird bewusst, was er von Ihrem Angebot hat – entsprechend hoch ist die Überzeugungskraft. Mit dem Nutzen sprechen Sie den einzelnen Kunden an bzw. ein bestimmtes Segment Ihrer Zielgruppe, Sie gehen auf deren ganz spezielle Bedürfnisse und Nöte ein.

Beispiel Buchhaltungssoftware:

So können Sie rasch auf Änderungen reagieren, abgesicherte Entscheidungen treffen und Ihre Arbeitsleistung um das Doppelte steigern.

FAZIT

Machen Sie nicht bei den Produkteigenschaften halt. Gehen Sie noch zwei Schritte weiter und arbeiten Sie sich über die Vorteile zum Nutzen vor. So schaffen Sie ein einprägsames Bild im Kopf des Lesers und verstärken den Kaufanreiz. Der einzelne Kunde steht jetzt im Mittelpunkt, die Kaufwahrscheinlichkeit ist hier am größten.

Allerdings gilt es hier zwei Hürden zu bewältigen: Erstens lässt sich der Nutzen eines Produktes nicht immer leicht entdecken und vermitteln. Bevor Sie mit dem Texten Ihres Flyers beginnen, sollten Sie deshalb herausfinden, was Ihre Kunden am meisten an Ihren Produkten schätzen und von welchen Produkteigenschaften sie am meisten profitieren. Fragen Sie dazu einfach Ihre Stammkunden oder reden Sie mit dem Vertrieb.

Zweitens ist der Folder eine kommunikative Einbahn. Das heißt, Sie wissen nicht genau, welchen spezifischen Bedarf der Leser hat. Ihre Nutzenargumentation ist daher weniger treffsicher als im persönlichen Verkaufsgespräch.

SPEZIALTIPP

Den Nutzen richtig formulieren.

Rechnen Sie nicht damit, dass der Kunde automatisch von der Produkteigenschaft auf seinen persönlichen Nutzen schließt. Diese Übersetzungsarbeit müssen Sie leisten, denn das Gehirn des Kunden ist träge.

Mit den folgenden Formulierungen verbinden Sie die Produktmerkmale mit dem Kundennutzen und wechseln von der „Wir"- zur „Sie"-Perspektive:

- Das heißt für Sie …
- So sparen Sie …
- Dadurch können Sie …
- Das bringt Ihnen …
- So vermeiden Sie …
- Sie erzielen damit …
- So verringern Sie …
- Dadurch erhalten Sie …
- Damit erhöhen Sie …
- Auf diese Weise senken Sie …
- So verbessern Sie …
- So können Sie ganz einfach …
- Das hilft Ihnen bei …

ZITAT ZUM THEMA

„Ein erfolgreich eingesetzter Nutzen hat [..] sehr viel mit Analyse, mit Einfühlungsvermögen und mit Kenntnis der Zielgruppe zu tun. Erst auf dieser Basis ist dann auch Ihre Formulierungskunst gefordert, um diese Schokoladenseite nicht nur glaubwürdig, sondern auch attraktiv glänzen zu lassen."

Dilthey, Tilo: Text-Tuning. Das Konzept für mehr Werbe-Wirkung. Göttingen, 2011, S. 15.

Vertrauen schaffen

So machen Sie sich glaubwürdig.

Das kleine Format eines Flyers, seine kurzen Produktionszeiten, seine vielfältigen Einsatzmöglichkeiten von der Ankündigung eines Hausflohmarktes bis zur Vorstellung eines neuen Finanzproduktes: Diese Aspekte können Ihrer Glaubwürdigkeit potenziell schaden. Verglichen mit einer teuren Hochglanzbroschüre nimmt man einen dünnen Folder wahrscheinlich weniger ernst – und damit auch Sie und Ihr Angebot.

Umso mehr sollten Sie sich um Glaubwürdigkeit bemühen. Präsentieren Sie sich als ernst zu nehmender und etablierter Geschäftspartner. Und das beginnt damit, dass Sie selber Ihren Flyer ernst nehmen und sich um eine professionelle Gestaltung bemühen – von der Grafik bis zur Papierauswahl.

Auch bei einem Folder sorgt erst die Summe vieler Kleinigkeiten dafür, dass Ihnen die Leser ausreichend vertrauen, um Sie zu kontaktieren oder gleich zu bestellen. Denn eines ist klar: Bloße Werbeversprechen haben schon längst ihre Verkaufswirkung verloren – plakative Reklame nimmt niemand mehr ernst.

Gefragt sind Echtheit und Verlässlichkeit. Die Leser wollen eine überzeugende Antwort auf die Frage, warum sie ausgerechnet bei Ihnen kaufen sollen. Diese Frage sollten Sie so ausführlich wie möglich beantworten.

Hier einige Empfehlungen:

TIPPS

Auszeichnungen und Zertifizierungen.

Gütesiegel, Testsieger-Logos und andere (grafische) Beweise Ihrer Qualitätsarbeit haben auf dem kleinsten Flyer Platz. Und diesen Umstand sollten Sie nutzen, denn unabhängige Expertenurteile, objektive Testergebnisse oder die Resultate von staatlichen Prüfstellen werden nach wie vor hoch geschätzt.

Testimonials.

Auch die Meinungen von zufriedenen Kunden geben in verdichteter Form Auskunft über Ihre Vorzüge. Dieser „Social Proof" bietet unschlüssigen Lesern mehr Sicherheit – vorausgesetzt, dass die Testimonials auch echt wirken. Führen Sie also immer den vollen Namen Ihrer Referenz an, die Stadt und möglichst auch den Beruf. Je mehr Angaben, desto glaubwürdiger. Holen Sie sich aber immer die Erlaubnis Ihres Kunden für die Veröffentlichung ein.

Veröffentlichungen und Lehrtätigkeiten.

Sie wollen als Rechtsanwalt einen Vortrag über Sportunfälle und deren juristische Folgen halten? Sie möchten zu einem Seminar über astrologische Eheberatung einladen? Dann unterstreichen Sie Ihren Expertenstatus und weisen Sie in Ihrem Folder auf Veröffentlichungen hin – Publikationen in Fachzeitschriften, Bücher, Kolumnen. Und vergessen Sie auch nicht auf eventuelle Lehrtätigkeiten an Universitäten, Fachhochschulen, Akademien etc. So präsentieren Sie sich als vertrauenswürdiger Fachmann.

Tradition.

Auch eine lange Unternehmensgeschichte signalisiert Verlässlichkeit und Handschlagqualität. Denn wer sich bereits 100 Jahre und länger am Markt behauptet, beweist unternehmerisches und fachliches Können. Sie müssen ja nicht Ihre gesamte Firmenhistorie im Folder ausbreiten – ein kleines „… schon seit 95 Jahren" genügt.

Foto.

Wenn Sie sich als Freiberufler selbstständig machen und Ihren Service anbieten – nutzen Sie doch einfach die positive Wirkung eines sympathischen, hochwertigen Fotos. Sie stellen damit Nähe und Vertrautheit zum Leser her; er erkennt schneller, mit wem er es zu tun hat. Denken Sie daran: Bilder haben eine starke Wirkung – positiv wie negativ. Investieren Sie daher in einen guten Portraitfotografen, der Sie auch hinsichtlich der Wahl Ihres Outfits berät.

Mitgliedschaften.

Sind Sie in branchenrelevante Organisationen, Netzwerke oder Institutionen eingebunden? Auch solche Mitgliedschaften können ein wichtiger Beweis Ihrer Professionalität sein – die Vertrauenswürdigkeit dieser Institutionen färbt positiv auf Sie ab.

Fehlerlosigkeit.

Fehler im Flyertext sollten Sie unbedingt vermeiden. Denn wenn Sie nicht einmal in einem kurzen Text fehlerfrei arbeiten können – wie sollten Sie es dann bei Ihren Produkten und Ihren Leistungen? So denkt zumindest der Leser. Merzen Sie deshalb alle Rechtschreibfehler und grammatikalischen Patzer aus, lassen Sie den Flyertext von verschiedenen Leuten gegenlesen.

FAZIT

Zeigen Sie in Ihrem Flyer, dass Sie ein glaubwürdiges Unternehmen sind, das den Vertrauensvorschuss von neuen Kunden nicht verspielt. Präsentieren Sie sich als professioneller Marktteilnehmer, als erfolgreicher Anbieter, der von Kunden, Branchenkollegen und Prüfstellen geschätzt und anerkannt wird.

Zum Handeln auffordern

Sagen Sie dem Leser, was er jetzt tun soll.

Ihnen ist klar, was der Leser Ihres Folders tun soll: Sie wollen zum Beispiel, dass er anruft und mit Ihnen einen Beratungstermin vereinbart. Oder dass er Ihnen mailt und den ausführlichen Produktkatalog anfordert. Oder dass er per Fax einen Seminartermin reserviert.

Aber für den Leser ist der nächste Schritt alles andere als logisch – etwa, wenn er den Folder durchgelesen hat, sich prinzipiell für Ihr Angebot interessiert und auf der Rückseite nur eine Aufzählung Ihrer Kontaktdaten findet. Er weiß dann weder, wie er sich am besten bei Ihnen meldet noch wie es danach weitergeht.

Und während er noch darüber nachgrübelt, wie er sich jetzt verhalten soll, schwindet sein Kaufinteresse langsam. Ihm kommt plötzlich in den Sinn, dass er ja noch seine Mutter anrufen soll, einen Termin bestätigen oder die Tochter vom Kindergarten abholen muss. Und Ihr mühsam entwickelter und sorgsam getexteter Flyer landet in der Ablage.

Sie sehen: Auch wenn Sie es schaffen, den potenziellen Kunden für Ihr Angebot zu interessieren, wird er sich nicht automatisch bei Ihnen melden. Zu viele Unsicherheiten, Irritationen, Störfaktoren schieben sich dazwischen.

Dem können Sie zumindest teilweise entgegenwirken: mit einem klaren Call to Action. Er sagt dem Leser, was er wann und auf welche Weise zu tun hat. Er räumt handlungshemmende Ängste und Blockaden aus dem Weg und bestärkt den Leser in seiner Kaufabsicht.

Hier einige Empfehlungen dazu:

TIPPS

Anweisungen geben.

Sagen Sie dem Leser, was er tun soll – und tun Sie das so deutlich wie möglich. Die gewünschte Leserhandlung hängt unter anderem davon ab, welche Rolle der Flyer bei der Kundengewinnung spielt und in welchem Stadium des Verkaufsprozesses Sie ihn einsetzen.

Was soll Ihr Leser tun?

- ein kostenloses Erstgespräch führen
- weitere Infos anfordern
- Mitglied werden
- sich für eine Veranstaltung unverbindlich anmelden
- ein Seminar fix buchen
- einen Präsentationstermin vereinbaren
- eine Produktprobe anfordern
- sich auf der Webseite umsehen
- ein Produkt bestellen

Und natürlich müssen Sie dem Leser auch klarmachen, wie er handeln soll: mailen, anrufen, schreiben, faxen, Kontaktformular ausfüllen, bei Ihnen im Laden vorbeikommen etc.

Einige Beispiele für die Formulierung:

Senden Sie uns eine Mail an vertrieb@xx.com und fordern Sie unseren ausführlichen Produktkatalog an.

Rufen Sie uns an unter 01234/56789-22 und vereinbaren Sie ein kostenloses Erstgespräch.

Noch mehr Infos finden Sie in unserer Detailstudie, die wir Ihnen nach Erscheinen gerne kostenlos zuschicken. Reservieren Sie sich Ihr Exemplar unter studie@xx.com.

Sicherheit bieten.

Was könnte den Leser hindern, sich bei Ihnen zu melden? Wo könnte er zögern? Was ist ihm unklar? Prüfen Sie Ihren Flyer aus Lesersicht und suchen Sie nach Hürden, nach Lücken im

Argumentationsprozess, die den potenziellen Käufer vom nächsten Schritt abhalten.

Und da man selber früher oder später betriebsblind wird: Lassen Sie Ihren Folder von Kollegen und Mitarbeitern testen. So entdecken Sie mögliche Hemmungen und Ängste, die Sie vielleicht überraschen, die aus Kundensicht aber absolut logisch sind.

Diese Bedenken müssen Sie dem Leser mit einem entsprechenden entsprechenden Call to Action nehmen.

Einige Beispiele:

Beschreiben Sie die weitere Vorgangsweise:

Rufen Sie mich an unter 01234/567899. Reden wir darüber, wie ich Sie bei Ihrem IT-Projekt unterstützen kann und vereinbaren wir einen persönlichen Beratungstermin.

Nennen Sie eine konkrete Ansprechperson:

Unsere Vertriebsleiterin Melanie Berger beantwortet gerne Ihre Fragen. Rufen Sie gleich an unter 01234/56789-04.

Nehmen Sie Druck weg:

Mailen Sie uns unter info@posch.at und fordern Sie unseren Kräuterkatalog für 2011 an. So können Sie in aller Ruhe Ihre Lieblingspflanzen auswählen und bestellen.

Garantieren Sie Datenschutz:

Wir verwenden Ihre Mail-Adresse nur für unsere Interessenten-Liste und geben sie nicht an Dritte weiter.

Kontakt erleichtern.

Fordern Sie Ihren Leser auch im Fließtext des Folders zum Handeln auf – Sie müssen den Call to Action nicht erst bei den Kontaktdaten anführen. Versehen Sie die Handlungsaufforderung aber immer mit einer konkreten Kontaktmöglichkeit. Schreiben Sie nicht einfach „Informieren Sie sich im Detail und rufen Sie uns an." Machen Sie es dem Leser leicht und ergänzen Sie Ihren Call to Action mit Ihrer Telefonnummer.

Dringlichkeit erzeugen.

Nutzen Sie die kaufbereite Stimmung, die Sie in Ihrem Flyer aufgebaut haben und bringen Sie den Leser zum sofortigen Handeln. Warum? Die meisten Menschen haben nur eine kurze Aufmerksamkeitsspanne – und die gilt es zu nutzen. Der Leser soll sich nicht erst denken: „Das Angebot klingt interessant, da rufe ich nächste Woche mal an" – bis dahin hat er es längst vergessen.

Arbeiten Sie daher mit – wohldosierten! – Dringlichkeits-Taktiken:

Das Angebot gilt nur bis 31. Juli.

Bestellen Sie sofort und Sie erhalten einen Gutschein über 10 Euro.

Nur für kurze Zeit.

Limitierte Auflage.

Nutzen bieten.

Sagen Sie dem Leser, was er davon hat, wenn er mit Ihnen Kontakt aufnimmt. Betonen Sie noch einmal den Hauptnutzen Ihres Angebots, geben Sie dem Leser kleinere (oder größere) Geschenke mit auf den Weg:

Jetzt anmelden und Marketing-Guru Seth Godin live erleben!

Buchen Sie sofort und sichern Sie sich 10 % Bonus!

Gönnen Sie sich einen unvergesslichen Abend zu zweit und reservieren Sie gleich Ihren Tisch unter 0123/45678.

FAZIT

Der Zweck eines Call to Action ist klar: Er bringt Ihre Leser dazu, den ersten Schritt zu tun – einen Schritt hin zu Ihnen. Und diesen Schritt müssen Sie ihm so verständlich, einleuchtend und einfach wie möglich machen. Nehmen Sie den Leser an die Hand, sagen Sie ihm klar und deutlich, was er jetzt tun soll, übernehmen Sie die Führung. Sie werden sehen: Viele Menschen folgen Ihrer Anweisung bereitwilliger, als Sie denken.

ZITAT ZUM THEMA

„[…] you are not going to make the sale unless you ask for the order."

Slaunwhite, Steve: The Everything Guide to Writing Copy. Avon, 2007, S. 107.

Den Flyer richtig aufbauen

Worum geht's

Sie haben jetzt viel über das Texten und das richtige Argumentieren erfahren. Nun stellt sich die Frage: Welche Inhalte kommen auf welche Seiten? Was muss das Cover enthalten? Was gehört auf die Rückseite?

Vorab ein Tipp: Vermeiden Sie komplizierte Falzarten – das verwirrt den Leser Ihres Folders nur unnötig. Verwenden Sie lieber eines der gängigen Formate:

Mittelfalz.

Das Papier wird nur einmal gefaltet – daher auch der Name „Einbruchfalz". Es entstehen zwei Außen- und zwei Innenseiten.

Wickelfalz.

Das Papier wird gedrittelt: Das rechte Drittel wird nach links eingeschlagen, das linke Drittel darüber. So lassen sich zum Beispiel separate Antwortkarten oder Coupons in den Folder einlegen.

Leporello.

Der „Zickzackfalz": Das Papier wird abwechselnd nach vorne und hinten gefaltet und lässt sich wie bei einer Ziehharmonika auseinanderziehen. Es entstehen – wie beim Wickelfalz – drei Außen- und drei Innenseiten.

Kreuzbruch.

Das Papier wird einmal in der Mitte gefaltet und dann gleich noch einmal. Es entstehen zwei gekreuzte Brüche – bei dieser Falzart sind Außen- und Innenseiten nicht klar definiert.

Die folgenden Kapitel zeigen Ihnen, wie Sie die Außen- und Innenseiten Ihres Folders optimal betexten ...

Die Außenseiten

Der erste Eindruck zählt.

Die Botschaft in wenigen Sätzen auf den Punkt bringen und dabei immer vom Leser her denken – darauf kommt es beim Texten der Außenseiten an.

Hier geht es darum, eine direkte Verbindung mit der Zielgruppe zu erzeugen. In kürzester Zeit muss dem Leser klar werden, wer Sie sind, was Sie anbieten und was er von Ihrem Angebot hat.

Und dafür haben Sie wenig Platz. Leider. Sie müssen also in gut gewählten Worten die Nöte und Bedürfnisse des Lesers ansprechen und eine Lösung anbieten. Wenn Sie hier auf die richtigen Knöpfe drücken, bringen Sie den Leser dazu, sich ausführlicher mit Ihrem Folder zu beschäftigen.

Dazu einige Tipps, die sich besonders bei Wickelfalz-Foldern bewährt haben:

TIPPS

Cover.

Das Cover Ihres Flyers muss Eindruck machen – und zwar in Sekundenschnelle. Es muss den Betrachter neugierig machen, ihm klar machen, worum es geht und wer mit ihm kommuniziert.

Und das gelingt Ihnen nicht, wenn Sie nur Ihr Logo bringen und dazu einen nichtssagenden Satz wie „Wir streben nach Perfektion". Auf diese Weise werden Sie Ihre Zielgruppe nicht erreichen – denn sie wird weder von einem packenden, aktivierenden Foto beeindruckt noch von einem Covertext, der einen klaren Vorteil verspricht.

Überlegen Sie, mit welchen Formulierungen Sie den Interessenten emotional berühren, wie Sie seine Aufmerksamkeit so fesseln, dass er gar nicht anders kann, als den Folder zur Hand zu nehmen und ihn zu lesen.

Dazu einige Empfehlungen:

- Nutzen bieten: Texten Sie Ihre Überschrift so, dass sie den Nutzen Ihrer Leistung klar herausstellt – und zwar auf einfache und überzeugende Weise. Werden Sie dabei so konkret wie möglich, zum Beispiel: „Sparen Sie 10 % Energiekosten mit unserem PERMA-Kühlsystem". Konzentrieren Sie sich auf den Kernnutzen Ihres Produktes; formulieren Sie nicht zu schwammig aus Angst, nicht alle Ihre potenziellen Kunden zu erreichen.

- Bedürfnisse ansprechen: Zeigen Sie, dass Sie die Wünsche und Sorgen Ihrer Kunden kennen und sie verstehen. Zum Beispiel, indem Sie eine Frage stellen: „Gut geschlafen?" (bei einem Matratzen-Hersteller). Wichtig ist, dass Sie genau wissen, welches Grundproblem Ihre Zielgruppe beschäftigt – das wird dann Ihr Aufhänger.

- Anreize schaffen: Überlegen Sie sich zusätzliche Anreize, mit denen Sie beim Leser Interesse wecken können. Das kann ein Spezial-Rabatt sein, eine exklusive Einladung oder ein kostenloser Report, zum Beispiel „Jetzt mit Gratis-Checkliste!".

Übrigens: Beim Texten des Covers müssen Sie sich nicht auf die Headline beschränken – Sie können mehrere Bausteine kombinieren, wie dieses Beispiel zeigt:

Overhead: *Das Trendthema im Management jetzt auch in Deutschland*

Headline: *Erlernen Sie an nur einem Tag, Kreativitäts-Techniken erfolgreich einzusetzen.*

Subline: *Ein unvergessliches Seminar zeigt Ihnen 22 Wege zu neuen Ideen ...*

Label: *Reservieren Sie Ihren Platz noch heute!*

Quelle: Gottschling, Stefan: Stark texten, mehr verkaufen. Kunden finden, Kunden binden mit Mailing, Web & Co. Wiesbaden, 2008, S. 138.

So enthält Ihr Cover die wichtigsten Argumente: den Hauptnutzen in der Headline; das Angebot und die Details in der Subline; die Handlungsaufforderung im Label. Der Leser erfährt dadurch alles auf einen Blick – schnell, einfach und bequem.

Einklappseite.

Wenn Sie einen Wickelfalz-Folder öffnen, fällt Ihr Blick zunächst auf die Einklappseite. Dieses Wahrnehmungs-Muster sollten Sie nutzen und Ihre zugkräftigsten Argumente auf der Klappseite kurz wiederholen.

Das heißt: Führen Sie die zentralen Vorteile an, bringen Sie ein starkes Foto, verwenden Sie Stichworte, Aufzählungen und kurze Absätze. Die Einklappseite sollte übersichtlich und rasch erfassbar sein – so macht sie dem Leser Lust, sich den Details Ihres Angebotes intensiver zu widmen und auch die Innenseiten des Flyers zu lesen.

Rückseite.

Viele Menschen lesen zuerst den Covertext und dann – noch bevor sie den Folder öffnen – die Rückseite. Sie sind es gewohnt, hier die Kontaktdaten des Anbieters zu finden und wollen erfahren, wer Sie sind, wo Ihre Firma liegt usw.

Enttäuschen Sie diese Lesererwartungen nicht und führen Sie die gewünschten Daten an:

. Firma
. Adresse
. Telefonnummer (evt. mit Durchwahl) – Festnetz und mobil
. Fax
. Email
. Webadresse
. Öffnungs-/Bürozeiten
. Anfahrtsskizze

Aber das ist noch nicht alles.

Nutzen Sie die wohlwollende Aufmerksamkeit, die Sie über das Cover gewonnen haben, und verstärken Sie sie. Zum Beispiel, indem Sie die Meinung eines zufriedenen Kunden abdrucken – ein Testimonial, das sich auf den stärksten Vorteil Ihres Produktes bezieht.

Bringen Sie auch die wichtigsten Nutzenargumente, ein überzeugendes Produktfoto, den Preis, die Garantie und vor allem eine klare Handlungsaufforderung. Schaffen Sie Dringlichkeit, belohnen Sie rasche Besteller mit einem kleinen Geschenk.

FAZIT

Die Außenseiten Ihres Flyers sollten Ihre überzeugendsten Verkaufsargumente enthalten; sie sollten den Leser aktivieren, ihn neugierig machen. Dafür ist es auch wichtig, dass Sie den Text optisch gut gliedern und ihn leicht erfassbar machen; auch der Schreibstil sollte einfach und gut verständlich sein. Denn wie bei jedem Werbemittel gilt: Die Menschen haben nur wenig Zeit, sich mit Ihrem Flyer zu beschäftigen – und dieses kleine Zeitfenster sollten Sie bestmöglich nutzen.

Die Innenseiten

Ins Detail gehen.

Im Inneren Ihres Folders haben Sie genügend Platz für die Einzelheiten. Hier können Sie in der Argumentation weiter ausholen, Produktspezifikationen anführen, Bedenken zerstreuen, zufriedene Kunden zu Wort kommen lassen, Auszüge aus Testberichten bringen, Mini-Fallstudien einfügen, erklärende Fotos und Grafiken abdrucken und vieles mehr.

Wie Sie die Innenseiten genau gestalten, hängt natürlich von Ihrem Produkt, Ihrem Service oder der beworbenen Veranstaltung ab. Deshalb hier nur einige allgemeine Anregungen:

TIPPS

Problembewusstsein schaffen.

Begegnen Sie dem Leser in seiner Lebenswelt, zeigen Sie ihm, dass Sie seine alltäglichen Kümmernisse, seine Zukunftsängste und Bedürfnisse kennen und verstehen. So stellen Sie eine Verbindung zu Ihrem Leser her; er erkennt, dass Sie nachvollziehen können, was ihn umtreibt. Das schafft Vertrauen und macht den Leser offen für Ihre Verkaufsargumente.

Beispiel: Folder eines IT-Dienstleisters für den Gesundheitsbereich (Quelle: Folder für ATSP, Text von Doris Doppler im Auftrag der Agentur Werberaum, Innsbruck)

Krankenhaus-Management – so geht's ganz einfach.

Auch für Ihre Klinik gilt: Der Wettbewerb nimmt zu, der wirtschaftliche Druck steigt, die Patienten erwarten immer mehr Service und Qualität. Damit Sie diese Herausforderungen meistern können, brauchen Sie transparente Daten und durchgängige IT-Systeme. Kurz: eine Software, die mitdenkt.

Lösungen bieten.

Zeigen Sie dem Leser, dass Sie seine Probleme lösen können. Beschreiben Sie Ihr Produkt, übersetzen Sie Produkteigenschaften in Vorteile und Nutzen. Im Innern des Folders haben Sie genug Platz für die Details: Leistungsdaten, Preise, Garantien, Versand, Testimonials, Testberichte etc.

Beispiel des IT-Dienstleisters:

ATSP hat eine durchdachte Lösung für Sie entwickelt: Healthcare Solution. Dieses vorkonfigurierte SAP-System eignet sich speziell für kleine und mittlere Krankenhäuser. Die einzelnen Module unterstützen Ihre Abläufe und Entscheidungen und sind genau auf Ihre Bedürfnisse zugeschnitten. ATSP implementiert diese nachhaltige Lösung und gewährleistet den wirtschaftlichen und verlässlichen Systembetrieb.

Sie sparen Zeit und Geld

Healthcare Solution deckt die zentralen Abläufe Ihres Krankenhauses ab:

- *Patientenmanagement*
- *Personalverwaltung*
- *Finanzwesen*
- *Controlling*
- *Logistik*
- *Instandhaltung*

Selbstverständlich ist die Software gegenüber anderen Systemen offen. Healthcare Solution integriert alle Verwaltungsprozesse, automatisiert Routine-Abläufe und hilft Ihnen so, Kosten einzusparen.

Sie behalten den Überblick

Healthcare Solution liefert Ihnen alle Daten, die Sie für das Krankenhaus-Controlling brauchen und unterstützt Sie bei Ihren Entscheidungen. Sie arbeiten mit übersichtlichen Statistiken, können die Daten systemübergreifend vergleichen und haben einen umfassenden Überblick, etwa über Budget oder DRGs.

Wer sind Sie?

Ihr Leser will nicht nur wissen, was Sie anbieten, sondern auch, wer Sie überhaupt sind. Präsentieren Sie sich also in ein paar informativen Sätzen, bieten Sie dem Leser Orientierung.

Beispiel:

Die ATSP ist ein IT-Dienstleister in Innsbruck, der SAP-Kompetenz und Krankenhaus-Prozesswissen verknüpft. Wir bieten Beratung, Implementierung, Projektmanagement, Schulungen, Systemintegration und Outsourcing. Unsere EDV-Lösungen basieren auf der Standardsoftware SAP.

FAZIT

Wer Ihren Folder aufklappt, zeigt schon mal grundsätzliches Interesse an Ihrem Angebot. Er weiß bereits in den Grundzügen, wer Sie sind, was Sie offerieren und welchen Nutzen Sie bieten. Diese Infos können Sie nun weiter ausschmücken und ausführlich präsentieren. Achten Sie aber immer auf eine lockere, ansprechende Gliederung und auf Headlines, die den Leser durch den Text führen.

Checklisten

Worum geht's

Auf der einen Seite ist ein Flyer schnell und günstig zu produzieren. Auf der anderen Seite erfordert er hohe Konzentration bei der Gestaltung. Warum? Weil viele wichtige Infos auf engstem Raum untergebracht werden müssen. Und zwar möglichst lückenlos und fehlerfrei.

Ein Flyer ist damit komplexer, als man meinen möchte. Und weil irgendwann die unvermeidliche Betriebsblindheit einsetzt und man die selbst die offensichtlichsten Fehler übersieht, helfen Ihnen die folgenden Checklisten bei der Endkontrolle von Text und Konzept.

Gut getextet?

Schreiben Sie konkret, bringen Sie Zahlen und Vergleiche?

Erzeugen Sie starke Bilder im Kopf des Lesers?

Ersetzen Sie Passiv- durch Aktivsätze?

Haben Sie Bandwurmsätze in kurze Einheiten aufgeteilt?

Verzichten Sie auf unverständliche Fachwörter und Abkürzungen?

Haben Sie überflüssige Wörter und Sätze gestrichen?

Sind Ihre Texte floskelfrei?

Haben Sie Hilfsverben und den Konjunktiv verbannt?

Formulieren Sie so treffend und exakt wie möglich?

Vermeiden Sie Wortwiederholungen?

Wie sympathisch klingen Sie?

Wie treffend sind Ihre Überschriften?

Nutzen Sie verkaufswirksame Signalwörter?

Finden sich in Ihren Texten logische Fehler?

Geben Sie den Lesern genügend Infos?

Was überwiegt: „Sie" oder „wir"?

Lassen sich die Texte leicht „scannen"?

Nutzen Sie Aufzählungen, Listen, Hervorhebungen?

Haben Sie sich Ihre Texte schon mal laut vorgelesen?

Ist Ihr Foldertext frei von Rechtschreib- und Grammatikfehlern?

Haben Sie Ihre Texte gegenlesen lassen?

Gut argumentiert?

Haben Sie den Aufbau des Flyers von Ihren Zielen abgeleitet?

Passt das Flyerkonzept zu seiner Rolle im Marketingmix und im Verkaufsprozess?

Beantwortet der Folder wichtige Leserfragen wie

- . Was bieten Sie an?
- . Was habe ich davon?
- . Warum sind Sie besser als andere?
- . Warum sollte ich Ihnen vertrauen?
- . Was soll ich jetzt tun?

Beseitigen Sie Zweifel und kaufhemmende Ängste?

Sprechen Sie die Kaufmotive Ihrer Zielgruppe an?

Formulieren Sie den Nutzen klar und deutlich?

Haben Sie den Nutzen quantifiziert?

Präsentieren Sie sich als glaubwürdiges und verlässliches Unternehmen?

Bringen Sie Testimonials?

Führen Sie Auszeichnungen, Veröffentlichungen etc. an?

Fordern Sie den Leser zum Handeln auf?

Weisen Sie bei Ihrem Call to Action auf den Kernnutzen hin?

Sagen Sie dem Leser, was nach der Kontaktaufnahme passieren wird?

Sagen Sie ihm, wie er Sie kontaktieren soll?

Erfüllt der Covertext seine Aufgabe?

Argumentieren Sie in einer logischen Abfolge, ähnlich wie bei einem Verkaufsgespräch?

Sind die wichtigsten Aussagen und Inhalte prominent platziert?

Finden sich die Inhalte des Flyers dort, wo Sie der Leser erwartet – zum Beispiel die Kontaktdaten auf der Rückseite?

Nutzen Sie ein separates Einlegeblatt, etwa für Preisangaben oder kurzfristige Sonderangebote?

Haben Sie Ihre Argumente strategisch auf Außen- und Innenseiten angeordnet?

Nichts vergessen?

Sind alle relevanten Kontaktdaten enthalten?

- Adresse
- Telefonnummer (evt. mit Durchwahl) – Festnetz und mobil
- Fax
- Email
- Webadresse

Gibt es eine Anfahrtsskizze?

Sind alle Daten aktuell (Preisangaben, Ansprechpartner, Produktdaten etc.)?

Haben Sie alle Daten Ihrer Veranstaltung angeführt? Zum Beispiel:

- Datum
- Uhrzeit
- Ort
- Anfahrt (PKW, Öffis)
- Einlass
- Reservierung, Tickets, Storno
- Preise
- Kleiderordnung
- Essen / Verpflegung
- Schlechtwetter-Programm
- Ansprechpartner
- Infos im Web
- Partner / Sponsoren

Welche zusätzlichen Infos werden benötigt?

- akzeptierte Zahlungsmittel
- Newsletter
- Öffnungs-/Bürozeiten
- Herstellermarken
- Garantien
- Versandinformationen
- Gültigkeitsdauer (Preisangaben, Rabatte, Coupons etc.)

- Erscheinungsdatum
- Quellenangaben (für Fotos, Grafiken, Texte)
- Impressum

Literatur

Bly, Robert W.: Business to Business Direct Marketing: Proven Direct Response Methods to Generate More Leads and Sales. Lincolnwood, 1998.

Demchak, Casey: Essential Sales Writing Secrets: The Complete Reference Guide to Thousands of Dynamic Copywriting Tips. Bloomington, 2005.

Dilthey, Tilo: Text-Tuning. Das Konzept für mehr Werbe-Wirkung. Göttingen, 2011.

Förster, Hans-Peter: Texten wie ein Profi. Frankfurt/Main, 2000.

Gottschling, Stefan: Stark texten, mehr verkaufen. Kunden finden, Kunden binden mit Mailing, Web & Co. Wiesbaden, 2008.

Hager, Reiner: So schreibt man Briefe, die verkaufen. Der sichere Weg zu erfolgreichen Werbebriefen. Landsberg am Lech, 1989.

Hartwig, Heinz: Wirksames Werbetexten. Die Kunst mit Worten zu verkaufen. München, 1992.

Jacobs, Marvin: Graphic Design Concepts. The Desktop Publisher's Guide to Designing Business Documents, Forms, and Web Sites. North Olmsted, 2004.

Lima, Paul: Copywriting That Works: Bright Ideas to Help You Inform Persuade, Motivate and Sell. o.O., 2011.

McCraigh, Jim: How to Write Words That Sell. Goodyear, 2005.

Monzel, Monika: 99 Tipps für erfolgreiche Werbung. Berlin, 2006.

Rentzsch, Hans-Peter: Kundenorientiert verkaufen im technischen Vertrieb. Erfolgreiches Beziehungsmanagement im Business-to-Business. Wiesbaden, 2008.

Sickel, Christian: Verkaufsfaktor Kundennutzen. Konkreten Bedarf ermitteln, aus Kundensicht argumentieren, maßgeschneiderte Lösungen präsentieren. Wiesbaden, 2010.

Slaunwhite, Steve: The Everything Guide to Writing Copy. Avon, 2007.

Vögele, Siegfried: Das Verkaufsgespräch per Brief und Antwortkarte. Heidelberg, 2002.

Weinberger, Annja: Flyer optimal texten, gestalten, produzieren. München, 2007.

Winter, Jörn: Handbuch Werbetext. Frankfurt/Main, 2004.

Die Autorin

Ich arbeite als freie Werbetexterin, Journalistin und Fachautorin in Innsbruck – schon seit mehr als zehn Jahren. Meine Kunden sind Unternehmen, Agenturen und Verlage in den unterschiedlichsten Größen und Branchen: vom Pharmakonzern bis zur Lustermanufaktur, vom Tourismusverband bis zum Baumeister. In A, D, CH und I.

Seit 2010 verfasse ich eBooks zu den Themen Werbetext, Marketing und Bloggen. Sie sind schlanke Ratgeber für viel beschäftigte Praktiker: kompakt, Zeit sparend, sofort umsetzbar.

Noch ein paar Fakten:

Jahrgang 1974; promovierte Betriebswirtin; Praxiserfahrung in Banken, Handel und Unternehmensberatung; Mitglied des Markenmanagement-Netzwerkes brandpi.

Mehr ...

... Text- und Marketingwissen gibt's in meinem Newsletter (abonnieren auf www.textshop.biz/cat/index/sCategory/1181)

... nützliche Tipps finden Sie auch in meinem TextShop: www.textshop.biz

Fragen?

Ich bin gerne für Sie da: office@textshop.biz

Weitere Bücher der Autorin

55 Artikelideen für Ihr Blog

Egal, ob Sie für ein Unternehmensblog verantwortlich sind, zu den bloggenden Freiberuflern gehören oder als Profiblogger Ihr Geld verdienen: Ihr Blog will regelmäßig mit frischen Inhalten gefüllt werden.

Nur: Die passenden Ideen fallen nicht (immer) vom Himmel. Besonders in stressigen Zeiten sitzt man dann nervös vorm Bildschirm, wissend, dass die Leser schon auf den neuen Artikel warten – doch das Gehirn ist wie leergefegt.

Hier kommt mein Buch ins Spiel.

Es liefert Ihnen 55 starke Tipps für hochwertige Blogposts: ausführlich beschrieben, leicht umsetzbar und mit vielen Beispielen – ein umfassender Ideenpool, auf den Sie jederzeit zurückgreifen können.

ISBN 978-1479297474

Starke Webtexte. So texten Sie Ihre Website selbst

Sie wollen Ihre Webseite selber texten? Oder Ihre bestehenden Texte optimieren? Sie suchen dazu eine kompakte Anleitung?

In diesem Praxisleitfaden erfahren Sie, wie Sie eine klassische Webseite verfassen – von der Startseite über die Produktseiten bis hin zur Über-mich-Seite und das Impressum.

ISBN 978-1479236091

Starke Broschüren. Die besten Ideen für Text und Konzept

Wissen Sie, wie Sie eine überzeugende Broschüre erstellen? Worauf Sie beim Texten achten müssen? Wie Sie aus Lesern zahlende Kunden machen?

Die Antworten darauf finden Sie in meinem Buch – mit vielen praktischen Tipps rund um Text und Konzeption.

ISBN 978-1479304288

Starke Mailings. So texten Sie wirksame Werbebriefe

Sie wollen ein Mailing versenden? Sie sind sich aber beim Texten unsicher und hätten gerne eine kompakte Anleitung?

Dann ist dieser praxisbezogene Leitfaden genau richtig. Freiberufler und KMU finden hier leicht verständliches Basiswissen rund ums Texten von verkaufsstarken Werbebriefen.

ISBN 978-1479279357

55 Traffictipps für Ihr Blog

Dieses Buch unterstützt Sie bei Ihrem persönlichen Blogmarketing: Sie erhalten 55 nützliche Traffictipps für mehr Besucher – praxisorientierte Anregungen, leicht verständlich, mit vielen Beispielen. Ein praktischer Werkzeugkoffer für mehr Blogtraffic.

ISBN 978-1480208544

Kunden gewinnen mit White Papers

Sie wollen mit White Papers neue Kunden gewinnen? Sie möchten mit Expertenwissen punkten? Und damit wichtige Entscheidungsträger überzeugen?

Wie das geht, erfahren Sie in diesem praxisnahen Ratgeber. Sie erhalten eine kompakte Anleitung fürs Schreiben von White Papers.

ISBN 978-1479285099

Kunden gewinnen mit Fallstudien

Sie wollen mit Fallstudien neue Kunden gewinnen? Sie möchten wissen, wie Sie eine Erfolgsgeschichte überzeugend texten? Und wie Sie das Maximum rausholen?

Dann ist dieser praxisorientierte Leitfaden genau richtig – eine knackige Anleitung rund ums Konzipieren und Schreiben von Fallstudien.

ISBN 978-1479285099

www.ingramcontent.com/pod-product-compliance
Lightning Source LLC
Chambersburg PA
CBHW061515180526
45171CB00001B/185